JN073144

人はいつでも、誰だって「エース」になれる！

心とからだが輝く72（ナツ）の言葉

夏まゆみ　絵 アランジアロンゾ

はじめに

私、夏まゆみは、先だっておかげさまで生誕60年を迎えました。
23歳で芸能音楽業界にたずさわり、
今では指導歴30数年を数えることになります。
ダンス指導をはじめとして
さまざまな肩書をちょうだいしながら、教え子たちと接してきました。
あるときはユニット、そして個人、
数百人を一度に指導したことも多々あります。
振り返ると、膨大な数の言葉を投げかけてきたわけです。
そんな言葉の数々は、メディアや私の会社内に保存、記録されたりしています。
その30数年にわたる記録のなかから、72個の言葉を選び、
改めて文章をしたためました。

なぜ72個かって？
それはね……私が夏＝なつ＝7（なな）2(two)だからなんです。
このひとつひとつの言葉を、丁寧に解釈して、
ひとつひとつに絵を描いてくださいました。
その名は、アランジアロンゾさん。
パンダやカッパくんなど、キャラクターデザインの本家本元とも呼べる存在。
この本では、〝なつトラ先生〟率いる4人の教え子キャラが登場して、
文章に華を添えてくれました。
私の厳しい言葉もアランジアロンゾさんの絵によって、
きっとやさしく届くことと思います。

なつトラたちとともに、72の言葉を贈ります。

Contents

Chapter 4 誰の「未来」にも、もっと大きな自分がいる
限界突破で成長をどんどん加速させる言葉

Chapter 5 人生は最後、必ず「プラス」になる
あなた自身の人間力をさらに高める言葉

れる

る言葉

Chapter 1

人は、誰でも「エース」にな

どんなときも自分を全力で応援してくれ

no.

01

底力くんに会いに行きなさい

人は皆ものすごい底力を持っています。本当です。みんなです。
誰ひとり残らず、皆さん一人ひとりのことです。
でも、普通に生きているだけでは、その底力に気づくことはありません。
なぜならその底力を出す、使う、機会がないから。

底力っていうとなんだかものすごく威圧的だし、強制的な気がします。
だから私は「底力くん」と呼びます。
なぜなら、あなたのなかにいつも存在している、あなたの大きな味方だからです。
今か今かと、応援体制と準備体制を整えてくれています。

とある教え子が新たな一歩を踏み出す際に、
舞台上でこんな言葉をかけたことがありました。

「人間にはね、すっごい底力っていうのがあって、底力って言うとちょっと怖いイメージがするから〝くん〟をつけておきましょう。いちばんつらいときこそ底力くんに会えるチャンスなので、成長するチャンス！と思って。その底力くんに会えた自分は絶対自信を持てるので、つらいときも大変なときもチャンス！って思ってがんばり続けるように。君たちはみんな底力くんを持ってるからね。きっといろんな人から、がんばれ！って言われてると思う。がんばってるのはわかってる。だけど、もっともっと自分の底力くんに会いに行きなさい」

この底力くんは苦境にいるとき、初めてフツフツとわき上がってきます。ムクムクっと、ニョキニョキっと出てきます。だからこそ、自分の限界を自分で決めてほしくない。つらいとき、苦しいときこそ背中を向けないということ。チャレンジする前にあきらめたり、

「今のままで十分」とばかり、
限界より前のレベルで足踏みしたりしてしまわないで、
ということです。
苦境にいるときこそ、底力くんに会えるチャンス到来です。

底力くんに会える。
自分の底力に気づく。
揺るぎない自信を持てる。
誰でも持っているそんなすごい能力、使わないのはもったいない。
持っていることに気づかないのは、もっともったいない。
だから……、

「もっともっと、自分の底力くんに会いに行きなさい」

no.
02

いのちがいちばん

何があっても、どんなことが起きても、
生きてさえいれば、いつか必ず幸せがやってくる。
ふっと笑えちゃうとき、何もなくても穏やかな日々、
きらめく瞬間、小さくても幸せを感じるとき……。
この世でいちばん大切なもの。それは命。生命。
今、まさにここにいると実感できるのは、
私たち一人ひとりが生命を持っているからに、ほかなりません。
でもあまりに当たり前すぎて、
今の時代、少しおざなりにされているのではないかしら？
命を粗末にする、なんてことがあってはいけません。
いちばん大切なものは揺るぎなくあなた自身の生命です。
それを、いちばんの前提にして生きていれば……、
間違えない。

no. 03
エースはeverybody

人は本来、必ず成功し、輝くようにできています。輝く場所、輝くときを持っています。そのとき、あなたはエースとして存在しているはずです。

なぜなら、エースとは「自己を確立し、自信を持って、前に進む人」だから。

では、エースとして輝くのはいつなのか、どこなのか……。

それは当然、人と違ってしかるべき。

ここで言う成功とは、自分の能力や魅力を最大限に発揮して、生きて輝くこと。

今かもしれないし、3年後かもしれない。明日かもしれないし、いや10年後かもしれない……。

この職場かもしれないし、次の現場かもしれない。あきらめずに続ければ、やっぱりここかもしれない……。

自分は何が好きで、何をしているときに生きがいを感じ、何に充実感を覚えるか。

それを自覚することで自己が確立でき、自分の取り組んでいる仕事に自信が持て、ひとつひとつ前に進んでいけるはずです。

no.

04

心が軽くなる「好きなモノ10」の法則

落ち込んでしまったりスランプを感じているとき、この方法はどうでしょう。

自分が好きなモノ、こと、何でもかんでも10個挙げてみる。

――さて、どうでしょう?

ちなみに、私の好きなモノ10は、

「太陽」「空」「木々の緑」「美味しい空気」「露天風呂」

「かに」「シャンパン」「海外旅行」「チョコレートパフェ」「踊り」

……あら!? 踊りが最後になってる(笑)。

こんなふうに思い浮かべるだけで、一瞬でも脳内が好きなモノで埋め尽くされ、
自然と気分が晴れやかに、少しずつポジティブになれる気がしませんか?
もしそれが、簡単に手に入るものなら、今すぐ買いに行きましょう!
「この世に生きて、今、好きな10個のうちのひとつがもう手に入った!!」
実際に手に入れられなくても、想像するだけで楽しくなり、
ネガティブな気持ちも必ず薄れていきますすよ。

no.
05

つらいことは、次の幸せを得るための予備知識

幸せは人がくれるものじゃない。
自分で感じるものだよね。幸せって自分でつかむものでしょう。

そのためにも、我慢はよくない。
自分の信念は貫くべき。でも、我を張ってケンカしちゃいけない。
うーん……難しいね。だからこそ、悩むんだよね。
自分に降りかかるつらさは、やがてくる幸せをしっかりと感じ、
それをつかむための準備なんだ。
忍耐が成長を生み、自分でも気づかないうちにステージが少し上がったとき、
目の前の幸せを肌で感じることができるんだ。
その手でつかむことができるんだ。

だからもう少し、待ってみて、続けてみて。
もう少しだけ。

no.
06

「過去のもの」にする作業は意外と大切

いいよ、いいよ、忘れちゃって。
たまには忘れたっていいこともある。

忘れるコツはふたつ。

ひとつ目はいつまでもクヨクヨしないで、今日のところは思い切って吹っ切っちゃうこと。あとになって振り返れば、きっと小さなこと、きっとささいなこと。

ふたつ目はもう過ぎたこと、過去のことだと線引きをすること。
今がいちばんつらいとき。ならば明日からは、いちばんつらいときではなくなるはず。明日は、今よりきっと晴れるから。

日々を過ごして振り返れば、今日の傷、つらさ、悔しさ、悲しさも、きっと自分の学びになる。どこかで必ず役に立つ。

no.
07
試練は選ばれた人にのみやってくる

試練は「選ばれた人」にのみやってくる、というのをご存じですか。
私の言う選ばれた人とは、「特別な才能がある人」という意味ではありません。
真剣な努力を積み重ね、前進している最中に、
そのことによって乗り越えるべき壁にぶち当たっている人のことです。
あなたにその試練を与えた何者かは、あなたにそれを乗り越える力があること、
やり遂げることができることを知っています。その先に続く道が見えています。

もっと、あなたに成長してほしいのかも!?
あなたに試練と思える課題が課せられたとき、
解決しなければならない問題が山積みになったとき、
「ついに私は選ばれたんだ」と大きく深呼吸して受け入れて、
その試練とやらに、まずはまっすぐに向き合ってみてほしい。
誰彼となく、試練に選ばれるわけではないのです。

no. 08

不条理を抱擁する

某歌番組で演歌歌手のデュエット曲を振り付けをしたときのこと。演出家のミスを私に責任転嫁され、お偉いさんが揃う、ものすごい緊張感のなか怒鳴られました。でもそれを、なぜか、そのときの私は俯瞰で眺めることができたのです、自分でも不思議なほど。その場にいる、一人ひとりの立場と背景を遠巻きに。すると、不条理に対する煮えたぎるほどの悔しい気持ちや腹立たしい気持ちは、少しずつ薄らいでいきました。

大きく成長した自分を感じたというか、その場にいる人より大きくなった気がしました。これを「包容力」というのかもしれないと思いました。

人は不条理を感じたとき、真実や正解を口に出して叫びたくなります。当然です。でも、それを口にして誰が悪いのか、その責任を人に課したとき、なんとも言えない後味の悪さを感じませんか。

事情を察知し、ほんの少し自分が大きくなることで、なんだか誰も悪くない空間ができ上がる。それもなかなかいいものですよ。

帰り際のこと、その演出家は少しだけすまなそうに私を見ていました。

no.

09

天使にも悪魔にも化ける何か

私がよく、大人数のユニットで作品をつくる際、その都度、どの子をどの位置に置くことが、作品として最も高いクオリティを保てるか、観たお客さんが喜ぶかなどを考えながら、メンバーの立ち位置を決めていきます。

そのとき、センターに立つ人間には、こんなふうに言葉をかけていきます。

「舞台のセンターというのはね。神さまが住んでいて、これまでずっと努力を続けてきた人、これからもきっと努力を続けていくだろうと思える人がそこに立つと、その能力以上の力を発揮させて、輝きを増やしてくれるんだ。だから自信を持って！」

そう、まさにステージは天使が住む場所なわけです。

かたや、センターに立ったことで慢心し、
努力を止めてしまうような人間が立ったり、
もともとその特性がない人間が立つと、たちまち悪魔に早変わり。
とても、そこには立てなくなってしまうというもの。

急に怖くなったり、
なぜか「真ん中」のポジションに立てない、ズレてしまう、
という事態が続出します。

できれば天使に出会ってほしいですから、努力を続けることが好ましいのです。

ただし、だからといってセンターにこだわる必要はまったくありません。
会社などで、もし自分の望む部署に配属されなかったとしても、
与えられたポジションだからこそ、できることがありますから、
まずは、それを見出すところから始めてみてください。
そこにあなただけの天使がいることも、よくありますから。

大切なことは次のふたつ。
ずっとずっと覚えておいてほしいことです。

まず、ひとつ目。
あなたは、自分でも気づいていない能力・魅力を、
確実に持っているということ。

そして、ふたつ目。
あなたが今いるところが、たとえ望む場所ではなかったとしても、
与えられたポジションだからこそ、できることが必ずあるということ。

自分の向き不向きを先に決めつけてしまうのではなく、
まずは探していきましょう、本当の適材適所を。

no.
10

嫌われることを恐れるな

この言葉、これまで幾度となく口にして伝えてきました。

たとえば、経営者、部下や後輩を指導する立場の人たちが、指導者としてまっとうするということは、教え子が潜在的に持っている能力を引き出すことです。そのために必要なら、たとえ嫌われることがあっても仕方がない。いつかわかってくれるときがくるかもしれないし、こないかもしれない。

そんな覚悟で最善を尽くして向き合いましょう、という具合です。

誰だって嫌われるのなんかイヤですよね。もっと言えば、もめごとなんてイヤだもん、相手と仲よくなりたいに決まっています。それでも、相手にどう思われるかより、相手のことを思って正直に伝えること。

指摘された人の反応はさまざまかもしれないけれど、仲よしの振りをしているより、そんなふうに正直に向き合う関係のほうが、ずっとずっとステキじゃないかって思いませんか？

つくろって人に合わせた自分ではなく、正直な本当の自分で向き合ってできた関係のほうが、よほどよい関係になれるのを、私は何度も体験してきましたから。

no. 11

過去を反省し、未来を描き、今を生きる

過ぎたことを、いつまでもクヨクヨ悩んでいても何も解決しない。
自分の将来や未来に不安ばかり抱いても、何も始まらない。
だから、同じ失敗は繰り返さないよう反省したら、改善点はどこにあって、
うまくいっていたら、どれほどステキな結末が待っていたかを想像して、
その過去と未来の狭間である今を、
どう行動するかにかかっているんじゃないか……と思う。
過去の失敗やあやまちは、のちの学びになり、
うまく活かせば成功につながる可能性を秘めています。
未来への不安や恐れは、ときに、からださえ壊しかねないほど、
よくない負のエネルギーをため込んでしまいます。
過去をよりよく塗り替えるのも、未来を明るい有望なものにするのも、
今の生き方、今の行動次第なのです。
今を、瞬間瞬間を大切にしながら、一歩一歩その歩みを進めましょう。
そうすれば必ず、過去はよい思い出となり、未来は必ず開けてきます。

no. 12

「しょうがない」という結果は、ない

「しょうがないよ」

「仕方なかったんだよ」
もしかしたら他人は、そう言って慰めてくれるかもしれない。
でも、残念ながらその結果は、あなたが招いたもの。
その結果に導いたのは、あなた自身なんです。

「しょうがない」で終わらせてしまったら、
反省することも分析することもしないまま、次の機会を迎えることになる。
でも、次の機会があるかどうかさえもわからない。

だから、その結果を受け入れて、認めて、
そして再びチャレンジすればいいんだ。
「しょうがない」結果で、決して終わらせないで。

no.

13

前へ進んでいる人に「壁」は存在しない

さぁ！

大きく足を振り上げて、乗り越えましょう。

あなたの前に立ちはだかっている壁に見えるそれは、前に向かって歩みを進めている人が、もっと素晴らしい、さらなる高みに上がっていくために目の前に現れる、乗り越えるための「階段」だから。登るための「ステップ」だから。

そう！

壁ではなく「登るべき階段」なのです。

その階段を1段登ったとき、あなたは大きな成長を遂げています。

喜びのときがやってきます。そのときの喜びがいかに大きなものであるかを、それを乗り越えた人は皆、知っています。

もし、次の壁が現れたとしても、そのときのあなたは、以前よりはるかに大きく強くなっているし、それは「壁」ではなく「登るべき階段」であることもわかっている。

だから、ひるむことなく、大きく足を振り上げていきましょう。

no.
14

人のせいにしたとき、人を恨み始める

「人を呪わば穴ふたつ」

という言葉があります。
恨みごとばかり言って、一生を台なしにする人もいます。
人を恨むきっかけは何かというと、「人のせい」にすること。
心が未熟だったり、弱かったりする人は、失敗を人のせいにしようとします。
自分以外の原因にしようと、必死になることさえあります。

人は皆、弱いものです。
自分が悪いとなかなか認められないし、認めたくない。
でも、人のせいにするところから恨みが始まるのです。
だから、この出来事は自分がつくりだしたものだと、
まずは受け止め、認めちゃいましょう。
そうすれば、きっと次の展開は変わってきます。
恨みの感情に巻き込まれて、「あなた」を見失わないで。

瞬間、
とができる

く言葉

夢は口にした
引き寄せるこ

自分と仲間を
まっすぐゴールへと導

no. 15

「きっと夢をつかむんだよ」

ひと言で「夢」と言っても、人によって色々な解釈があると思います。

それでも私はこう伝えたい。

夢は持つものではなくつかむものなんだ！

えっ!?　夢を持っていないって？

いいんだ、夢は持つものではなくつかむものなんだから。

今は持っていなくて、夢も目標もあいまいかもしれない。

未来は漠然としているかもしれない。

とにかく、今の自分と必死に格闘していくうちに、いつしか前向きに夢を探し始めるようになる。そして、自分はこれをやりたいとか、こうなりたいといった本当の夢を自ら見つけだしていく。

だから私は、夢を持ちなさいなんて言わない。

まずは前に一歩進むことから始めましょう。

間違った一歩からでもいい。

そうしたら、きっと夢をつかめるんだよ。

no.
16

後悔こそが「不合格」の原因

アイドルやダンサーの審査員を務めることがたくさんありますが、ある程度の審査が進んだ子を落とすとき、必ず質問することがあります。

それは、

「後悔していますか？」

という質問です。

不合格という通知を受けて、もし後悔したのだとしたら、まさに、その「後悔していること」が不合格の原因なのです。

たとえば「もっと練習すれば」「早く始めていれば」「体調がよければ」などなど。

ということはつまり、「後悔してません」「悔いはありません」って、それくらい自分で思えるほどがんばった日々を続けたら、おのずと合格する日がやってくるということ。

後悔しないために「日々」があるのです。

no. 17

あいさつは愛のはじまり

日常には愛があふれている。でも、ときとして「恨み」や「執着」となって、愛をゆがんだ形で表現する人もいます。

愛をきちんと表現できる人になろう。

そのためには、まずあいさつから始めよう。

毎日毎日、人と人との交流がありますよね。

その関係の中心をなすものは愛であってほしいもの。

思いやりのある態度や身のこなし、相手の気持ちになって考えることが大切だから。明るく、言葉正しく、姿勢をよくして接しよう。

芸能界で成功している人ほど、あいさつはしっかりしています。

「おはようございます」


芸能界では、その人の「朝」の時間は人によって違います。

だから、夜でも最初に接した人には「おはようございます」と声をかけます。

今日、あなたが最初に接する人は誰ですか。

no.

18

有言実行のススメ

「私はこうなりたい」という夢や目標は積極的に口に出して、「有言実行」していきましょう。夢をはっきりと口にした瞬間から、その言葉は現実を引き寄せる力を持ち始めます。

なぜなら、親が子を守ろうとするように、自分の口から出た言葉に対して、自然と人は責任感を持つようになるからです。

夢を公言することは、自分の本心を試す行為でもあります。

自分の夢に確信を持てていないときこそ、リトマス試験紙として「有言実行」を試すのがおススメです。

人前で「私は○○になりたい！」と口に出してみて、言ったとたんに、「私って本当に○○になりたいの？」と迷いや違和感が生じたら、自分がさほど、その夢にこだわっていないということ。

逆に「言ったからには実現するぞ！」という気持ちがわいてきたら、あなたの夢は本物といえます。

no.
19

「好きなモノ」50個挙げまくる

自分の方向性を見失ったときこそ、気になったものを50個探してみよう。前に挙げた「好きなモノ」と違って、目の前にあるものとか、ふと思い浮かんだもの、連想したものなど、何でもいいから50個とにかく書き出してみよう！

青や赤、ピンクといった色でもOK。空、雲、太陽、葉っぱ、ケーキ、アイス、コーヒー、パソコン、マンガ、オレンジ、バナナ、りんご……。好きじゃなくても思い浮かべば、それを挙げてOKです。

するとね。

不思議とあなたの傾向がちゃんと見えてくるの。

絶対に人と違うものができあがる。それがあなたの自分軸。

だから、ここでは10個くらいで満足しないでね。

自分軸が見えてくれれば、自分の才能に自ら気づきやすくなります。

だってみんなみんな、すごい才能の持ち主なんだから。

no.
20

人は、成長するために生まれてきたんだ

「何のために生まれてきたんだろう、って悩むことがあって……」

人は必ず壁にぶつかります。そのとき、こんな相談が必ずあります。

小さいころ、私も「なんで生まれてきたの？」なんて、母親に聞いたことを思い出しました。今の私はこう答えます。

「人はね、成長するために生まれてきたんだ」

「おぎゃぁー」って生まれた瞬間から、誰かに無理強いされたわけでもないのに、がんばってミルクを飲み、どんどん大きくなっていきます。体重も増え身長も伸び、最初はハイハイもできないのにいつの間にか歩いて、言葉を覚えて話もできるようになる。

からだは自然と成長するのだから、一緒に心も成長していく必要があります。

立ち止まるのは「心の成長過程」なのです。ミルクを飲むようにあらゆる知識を摂取して、経験を通して学び、たくさんの人と関係を育んで……といった具合に、人は、からだも心も成長するために生まれてきたのです。

no. 21

「また成長しなきゃいけないのか！」とつぶやく

輝きを放っている人ほど、
身の回りにある小さな喜びを見つけ出すのが上手です。
逆もしかり。

しばしば相談を受けるんだけど、
「自分は何をやってもうまくいかない……」
とか、どこか暗く悩んでいる人って、
いっつも下を向いてしまっているような気がします。

苦しみの渦中にいるときは、
自分がどれだけつらいかということばかり考えて下を向きがち。

だから、自分の周りに助けの手があることや、
実はうれしいことや楽しいことが転がっていても、

それを見ていなかったり、
気づかなかったりするんじゃないかなって思います。

ほんの少し、目線を上げるだけで、
自分に笑いかけてくれている人に気づくはずなんだけどな……。

苦難のなかにも喜びや希望を見出すことができるようになると、
停滞しないで前進できる。

つらいことが起きたとき、反射的にため息まじりに、
「いやだなぁ……」と下を向いてこぼしてしまうタイプの人は、
これを試してみてください。

「また成長しなきゃいけないのか！」

上を向いて、一笑に付すようにつぶやくのがコツです。
最初はただの強がりでも、
言い続けていくうちに自然と心も追いついてきて、
徐々に心にエネルギーがわき上がります。
そして、
ほんの少しかもしれないけれど、
苦難のなかに突破口という光が見えてきて、
結果、揺るぎない「やる気」へと生まれ変わりますから。

no. 22

チームワークを捨ててもいいから「目的の共有」をしよう

チームワークを間違えてとらえている場合があります。

身内に気を使い、仲間から浮かないように足並みを揃えてはいませんか？

横並び主義のチームワークは、決してチームを成長させない〝無用の長物〟です。

チームとして、一人ひとりが持てる力を出し切って、すべてを高いレベルで調和させていくには、まず、明確に「目的を共有」することです。

チームの調和を最優先にすることは、チームにとっても本人にとっても、決してよい結果を生みません。


そのチームが求める「目的」や「目標」を達成したい、という気持ちを共有できてさえいれば、必要に応じて自然と歩み寄るシーンも生じてきます。

たとえばアイドルユニットであれば、ワンマンライブという目標に対して人気を得るために、個々が思う最善なことにトライしてみたり……。

チームの一人ひとりが共通の「達成すべき目的」を共有できていれば、自然と調和はついてくるものなのです。

no. 23

意志が結果を生む

目先のハードルだけでなく、
その先に続く夢や目標を見出し、見すえる。
追いかける夢が大きくても、
それに対する気持ちが強ければ、
夢の実現を可能にします。

もしかしたら、
それが夢を叶える唯一の方法かもしれません。
自分の意志の強さこそが、
自分自身が望む結果へと導いてくれるのです。

no.
24

「夢からの階段」を描こう

階段はなぜか上るイメージばかりがあるけれど、ここでは上から下りていく階段を描きます。

いちばん上に「絶対なりたい自分」＝「夢・目標」を書いて、そこから〝そのためにはどうしたらいいのか〟を丁寧に考え、しっかりと具体化して記し、1段ずつ下りる階段を何段も何段も下って書いていき、最終的にいちばん下の「今の自分」にまでつなげて描きます。

より具体的に、さらに明確に！

簡単に言っているけれど、これ、芸能人でも経営者でも最初はうまく書けないくらいけっこう難しいようです。だから、真剣にトライしてほしいと思います。

描き終わったら、いちばん下に書いてある今の自分から、てっぺんに書いてある夢や目標をながめます。描いた階段が具体的であればあるほど、必ず実現することができます。

なぜなら、どうすればこの階段を上り、夢の実現まで上りつめることができるか、それはほかの誰でもない、あなた自身が知っているのですから。

no.
25

本物のプロ魂

「プロって何ですか？」

「本物のプロってなんだと思いますか？」

よく聞かれる質問だけど……。

なんとか踏ん張って最後までやり通す（途中で投げ出さず）、

失敗しても言い訳しない（自分を受け入れて負けや失敗を人のせいにせず）、

次につなげる努力を惜しまない（振り返って反省し次につなげる）。

どんな仕事においても、

どんな競技においても、

プロって、こういうことなんじゃないだろうか……。

no. 26

前向きの効能効果

自著『エースと呼ばれる人は何をしているか』において、「エース」とは「自己を確立し、自信を持って、前進している人」と説きました。

この3つの定義、簡単そうでそうそう簡単ではありませんよね。

ひとつひとつが大きいため、3つとも実現するには日々の過ごし方が影響してきます。1日や2日で達成できるものではありません。

ただ、ひとつ言うとしたら、定義のひとつに「前進している」とある通り、少なくとも前を向いていてください。悩み、苦しむときもあるでしょう。転んじゃうときだって、停滞してしまうときだってあります。

私も同じです（悲しくてつらくて、夜通し泣き続けることだってあります）。

それでも、物事や人に対して悲観的になると、負のエネルギーが働きだしてしまいます。負のエネルギーは、また負を呼び起こしてしまう……。

前を向いていれば、プラスのエネルギー、わいてきます。

前さえ向いていれば、道は開けてきます、必ず。

no.
27

幸せを呼ぶのは
自分自身だけなんだ

誰か他人に「はい！　幸せあげる〜」

それに対して、手を出して「わーい、ありがとう」

っていうことは、できないでしょ？

もちろん、「お金が欲しい」「服が欲しい」「パソコンが欲しい」「最新のスマホが欲しい」などと、物欲的に欲しいものが手に入るのはうれしいでしょうけど。

実は「幸せ」って、目に見えないことがほとんどです。


だって、「幸せ」って感じるものですよね？

だから、「幸せ」を呼び寄せるのも自分自身だけなんです。

つまり、「幸せの感受性」というものが存在します。

ほんのちょっとしたことでも幸せと思える、そんな心を持っている人は「幸せの感受性」が高い人。それがある人は、今のがんばる自分にもどこかで幸せを感じられるので、意志も強く持てたり、夢に向けてがんばれたりもします。

幸せを感じるのも呼ぶのも、あなた自身なんです！

no.

28

他人への言葉でも、自分への言葉ととらえられるか

上司が自分の同僚をめちゃくちゃ怒っている、
先生が全員に向けてごちゃごちゃ指摘している、
先輩が私たちチームメイトのひとりに向けて怒鳴っている、などなど。
「自分に言ってるんじゃないから」と耳を傾けなかったり、
「あーあ、かわいそうに……」などと、
他人を心配するヒマがあるのだったら、すべて自分への言葉ととらえてください。
同僚に向けられている言葉、全員に指摘していること、
チームメイトに怒鳴っている内容、
自分以外の他人に向けて発せられているすべての指摘、注意点。
それらの言葉を、自分に向けられた言葉だととらえることは、
成長に強く大きく役立ちます。

聞かなきゃもったいない話や、成長へのヒントが、
それはそれはたくさん含まれています、潜んでいます。

no.
29

「〜してあげる」は禁句！

「〜してあげる」という言い方は、やはりどうしても上から目線ですよね。
そんなふうに言われたら、「けっこうです」って言いたくなりませんか？
なにせ、人は誰しも、そんなに偉くありませんから。
言ってしまえば、人は皆、平等です。対等です。

会社でいう上司と部下の皆さん、はたまた先輩と後輩、
家庭でいうなら親と子ども、
学校では先生と生徒と、
社会にはたくさんの上下関係があります。
私も多くの方々から「先生」と呼ばれている立場の人間ですが、
人としては対等であると考えて指導してきましたし、今後も変わりません。
家庭ですら親が子にいつまでも「〜してあげる」と言えば、
子に反発され、嫌がられて親元から離れていくものです。
社会ならなおさらです。

no. 30

「大一番の前日」は大成功の絵を描く

ビジネスマンの皆さんならプレゼン、就活中の若い人たちにとっては採用面接、俳優さん、女優さん、アーティストの皆さんにとっては、それこそ撮影本番、ステージ初日ってところでしょうか。皆それぞれ、何かを発表する前日とか「大一番の前日」には、緊張で眠れないほどドキドキしますよね。

私が初めてアメリカのアポロシアターに立ったときも、やっぱり緊張しました。

でも、そこまで来たのですから、作業は最終チェックのみにとどめ、できればリラックスして過ごしたいものです。

前日のギリギリまで作業を続けていると、準備不足に気づいたときには、かえってあせったりして、自分を追い詰めたりしかねません。

「大一番の前日」には、ほめられているシーンとか、合格した場面、大成功した姿などをイメージする(=絵として思い浮かべる)ことを断然おススメします。

私も、できることを出し切る精神でうまくできたから、あなたもできる!

すべて出し切る精神で。行ってらっしゃい!!

no. 31

他人と比べると、あなたもチームもダメになる

何かに挑もうとするとき、やってはいけないことがあります。
単刀直入に言うと、「比較するな！」ということです。

もし、あなたが思いっきり負けず嫌いの性格の持ち主なら、
比較していいこともあります。
「〇〇になんか負けるもんか！」
そう心に強く思い、比較対象がいることで自分の実力、
もしくは、それ以上の能力を出すことができるかもしれません。

ここでお伝えしたいのは、
「目的を間違えてはいけません」ということ。
目標を見失わないでくださいね、ということです。

ときとして、他人と比べることでその人に勝つことが目的となってしまい、

本来目指すべき目的や目標を、
見失ったり忘れてしまったりするからです。
それはとても危険なことです。本末転倒になりかねません。

例を挙げて説明をしておきましょうか。
ここ5~8年ほどになると思いますが、
学生時代からダンスが選択必修科目となったことも手伝って、
ダンス人口も大幅に増えました。

それはとてもうれしいことですが、
「ダンスコンテスト」という、ダンスが他人と競う競技となり、
優劣をつける企画も増えています。
私もダンス大会などで審査員を務めることも、しばしばあります。

たとえば、高校生ダンス大会の場合だったら、
それぞれのチームの学生たちは、
勝利を目指して練習に励むわけです。
「絶対に優勝してやる」とか、「あのチームには負けたくない」とか必死です。

でも学校教育の一環として、そこにある本来の目的は、
各チームそれぞれのスキルの向上や、
人間形成に役立つさまざまな素養を養い身につけることです。
優勝を逃して泣き叫んだり、相手チームを蹴落とすことが目的ではありません。
それをわかっていないと、自分自身まで見失いかねません。

目標を見失わないためには、
今より「少し未来」の目標を常に持つことが秘けつです。
いつでも、少し先にある手の届く目標に向かう習慣をつけましょう。

を決める

いない

教えてくれる言葉

Chapter 3

自分の「限界」なんてもったいない

努力の本当の価値を

no. 32

目からビーム、手からパワー、毛穴からオーラ

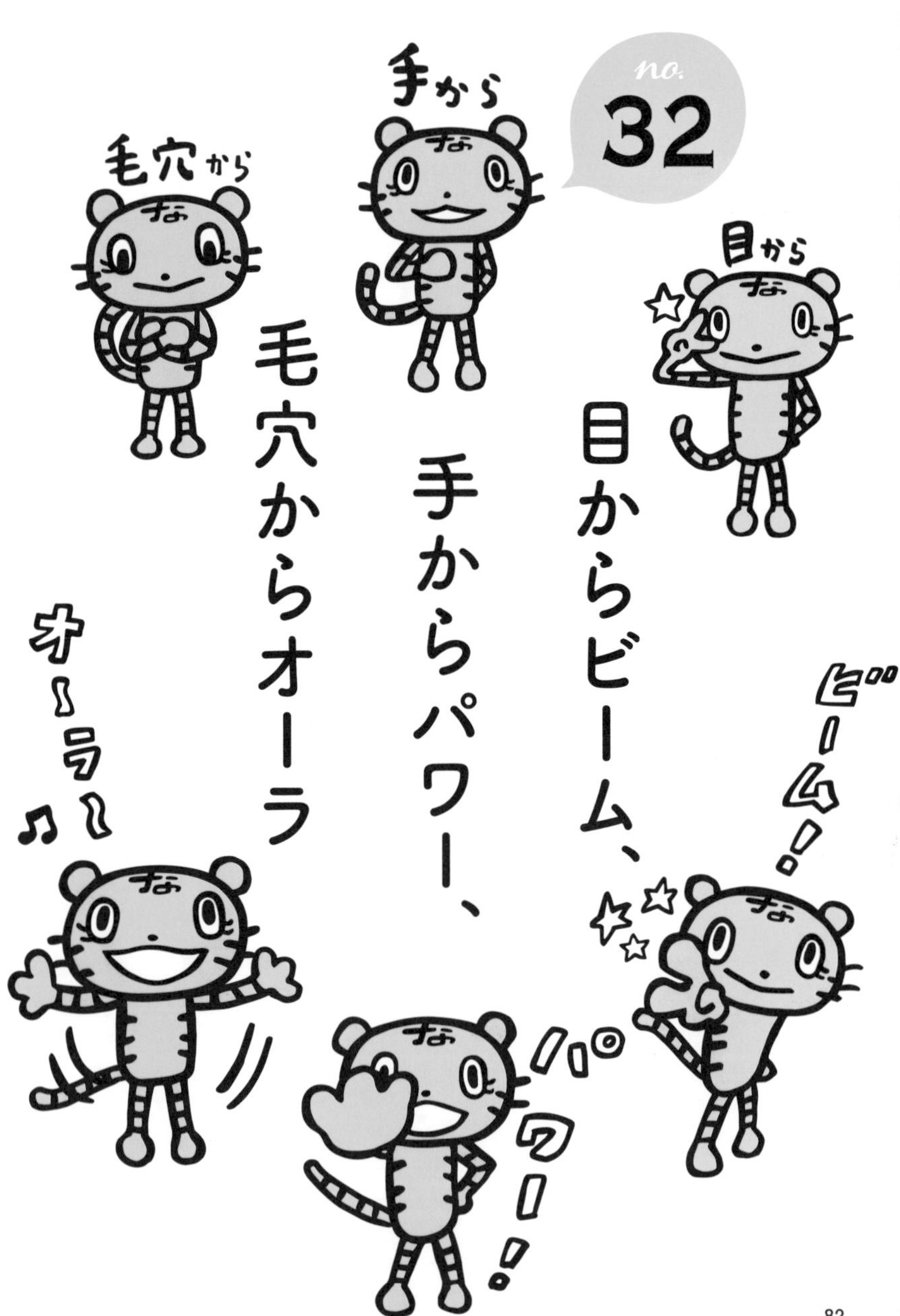

対象にまっすぐに届くビームのように視線を定め、
眼力で気持ちを届けよ！

指先1本1本にも意識を集中させて、
手のひらから熱を発せよ！

つま先から頭のてっぺんまで
からだのすみずみまでエネルギーで満たし、
からだ全身から輝きを放て！

これらの言葉は常に舞台に立つ人間に向けて、
パフォーマンスをするうえで最も大切なこととして、
長年にわたり指導するうえで伝え続けてきたこと。
昨今では、企業向けの講演会でも、

最後にこのフレーズを振り付けと一緒に踊って、
締めくくったりしています。

そう、
人とのコミュニケーションにおいても、
自分から何かを人に発信するときでも、
「目からビーム、手からパワー、毛穴からオーラ」
これが、とても大きな力を持つと確信したからです。

ありったけの自分の気持ちを届けるために
言葉だけに頼ってウソをついたり飾りすぎたりせず、
全部さらけだして、
「今の私、こんなです!」
と、見せてみよう。

そうすれば、今できることを精一杯伝える、
という姿勢を生むことができるはずです。

ね、

からだのなかにエネルギーが満ち、
自ら力を感じ、
それが自信となって大きく一歩前に踏み出せる気がしませんか？

目からビーム、
手からパワー、
毛穴からオーラ！

no. 33

「できない」禁止令

「わからない」は、いい。

わからないのだったら、教えてあげることができるから。

でも、「できません」だけは言ってほしくない。

だって絶対できるから。

それって、自分で自分の限界を決めてるってことだから。

「できない」って声に出したとたんに、ギブアップ前提の「弱腰精神」が体中に伝わって、張りつめていた糸がゆるんでいく。ゴールに向かっている最中に、自分で自分の限界を決めてしまうなんて、すごくもったいない。

どんなことだってあきらめないっていう心意気で、なんとかなるもの。

必要なのは、今はできなくても「やり続ける」ことなんだ。

一人ひとりに「一生懸命」のゴールがあって、やり方もスピードも違っていい。

「今はできないけれど、やり続けていれば必ずできる」と信じること。

きっと成し遂げられるから。"YES, I CAN."

no.
34

人にグチをこぼす。これって、不幸を配っているということ。

ときおり、
やたらとグチをこぼす人間を見かけることがあります。
あーあ、かわいそうに……。
グチを聞かされているほうが、たまったもんじゃない。
その場の空気はどんよりと暗く、
ときに人の悪口や陰口も聞こえてきたりする。
どうにもならないことをため息まじりに嘆き、
不平不満を漏らす……。

周りの人にグチをこぼす。
これって、人に不幸を配っているということだからね。
グチをこぼして、その場では自分はスッキリするかもしれないけど、
そのグチを聞いたほうは、どうだろう?
うれしくも楽しくもないはず。

だから、不幸を配っているのと同じなんです。
不幸を配っておいて、自分に幸せがやってくるはずがない。

だったら、グチをこぼさないほうが、
どれだけ自分の成長を促し、
幸せを呼ぶことにつながるか。

「幸せを呼ぶ」という言い方は
抽象的すぎてわかりづらいかもしれない。
でも、あなたが一瞬の感情に振り回されることなく
グチをこぼさず乗り越えたとき、
あなたの周りには怒ったり泣いたりする人より、
笑っている人のほうが確実に多いはず。

「これ嫌い」
「これヤだよ」
「あの人イヤ」

こんなふうに、
嫌いなことはあまり口にしないほうがいいということ。
だったら、楽しい話を聞かせたほうがいい。
必ず自分に返ってくるのだから。

no.
35

2種類のプライドに要注意

プライドには、本人の成長を後押しする「よいプライド」と、成長を阻害する「悪いプライド」の両方があります。

「よいプライド」とは、自分を高みに置いて、それに責任を持つためのプライド。

「悪いプライド」とは、自己防衛のためのプライドです。

高みに目を向けず、自分よりレベルの低い層だけを見ていると、「私はできる」と錯覚して人は努力をしなくなります。

自分への言い訳として、他人よりほんの少しだけ優れているものにプライドを見出し、「私はできるから大丈夫」と考える。「悪いプライド」の典型です。

人は成長していくうえで、しばしば偽りや虚栄を身にまとってしまうもの。つくろうこと、偽ること、隠すことがどれほど愚かでもったいないことか……。

悪いプライドを捨て、無防備になったとき、人はどれだけ美しくなるか、想像してほしいと思います。

no.
36
「あの人のために」は百害あって一利なし

自分を奮い立たせるような場面やここぞという場面、新しく一歩踏み出す場面において、よくこんな言葉を耳にします。

「あの人のために……」

本当にそう思っていますか？

私は、この意識が多くの人の「足かせ」になっているのを何度も見てきました。

芸能人に限らず、子育て中の親や上司にも当てはまります。

「人のためにがんばる自分」に酔いしれている人もいます。

でも、何より多いのは自分が努力する「言い訳」に、知らず知らずのうちに他人を利用してしまっているケース。

自分の努力に対して責任放棄してしまっているのです。

自分がそうしたいから、やっているだけ。

このように、自分ごととしてとらえられるようになって初めて、正しい努力ができ、正しい結果を導き出せるのではないでしょうか。

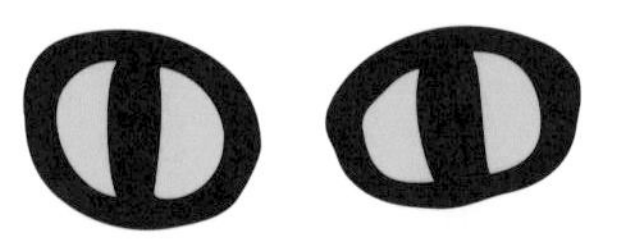

no.
37

他人の評価なんて気にしない

たとえば売上を気にしたり集客を気にしたり。
アイドルなどのグループや社内のチームであれば、
順位をいつも気にするメンバーがよくいます。
他人にどう思われるか、他人からどんなふうに評価されるか、
そんなことばかり気にしていたら何もできない。

他人から好かれること、他人からほめられること、
そんなことばかりしていたら、
本当に自分のやりたいこと、できますか？

他人の評価を気にする人ほど余計な情報が気になって、
「集中力の分散」が起こります。
努力しているようで、
思った以上に余計なことに時間を使っているものなのです。

no.

38

無防備な「ゼロ」になろう

人はどんなものからでも、どんな体験からでも得られるものがあります。人によって得られる量が違うため、しばしばスポンジにたとえられたりしますよね。

そう！　つまり「吸収力」のお話です。

理想は生まれたてのヒナ鳥のような姿です。親鳥が運んでくるエサを選り好みしたりせず、精一杯の大口を開けて、すべてをどん欲に飲み込もうとする。

その姿を「無防備なゼロ」と呼んでいます。吸収力が最大値の状態です。

まっさらで無防備な「ゼロ」の状態だからこそ、ヒナ鳥は栄養をたっぷり吸収して瞬く間に成長できる。

「ゼロになる＝吸収力が最大に発揮できる状態」です。

人間は、知識や経験が増えるにつれ、「ゼロ」ではいられなくなっていきます。

でも、必要とあらば即座にリセットして、「ゼロ」になれる自分でいよう。

成長のきっかけがほしいとき、先生や先輩に教わるとき……言われたことをいったんすべて受け入れると決めてみる。それがリセットの秘けつ。

「ゼロ」のときこそ、たっぷりと栄養を吸収できる絶好のチャンスなのです。

no.
39

つくろうことは愚かなこと

歳を重ねて経験を積んでいくと、誰しも身につけてしまうもの。知識、職歴、経験、実績……。たとえば、私のような業界で働く人間は、芸歴といったものを身にまとっていきます。どこの社会でも、どの業種でも同じでしょう。

それによって、どうすればよいか、どうすれば好まれるか、または、どうすればうまくいくかなど、本来の自分ではない、いわゆる「建て前」を身につけます。

社会に生きるうえでは必要なことですし、決して悪いことではないけれど、本来の自分、本当の気持ちをつくろいすぎると、社会が変化したときに、何も自分のなかに培っていないことに気づいて、落胆します。

今一度、自分の魅力、自分のよさ、自分の強みに目を向けましょう。

あなたは、十分美しくステキなのです。

無理につくろうより、そのままの自分自身をさらけ出して。

そのとき見えるものが本物かもしれないし、そのとき周りにあるものが、あなたにとって必要なものかもしれない。

つくろいすぎると、それを見逃しかねないのです。

no. 40

素直がいちばん。でもそれが本当に難しい。

素直がいちばんです。

誰が何と言おうと何がどう転んでも。素直がいちばんです。
でも、残念ながらそれが本当に難しい。
素直でいることが、逆に損なのではないかと思えるほど難しい世の中。
素直って、自分勝手にガンコにかたくなに、我を通すこととは違います。
美しいものを見て美しいと感じ、美味しいものを食べて美味しいと喜び、
好きなものを好きと言える。自分にウソをつかず、誠実に。
そして、それが「自分らしさ」とつながったとき、
幸せに生きるうえで最もいい状態だといえるでしょう。
「自分らしさ」と「素直でいる」ことにつながりを持てないから、
つくろわざるを得なくなったり、悩んじゃったりするんだよね。私も同じ。
たしかに素直でいることが難しい社会だけれど、本当はみんな素直なんです。
社会の風潮や多数派にまどわされず、自分の本当のあり方で生きましょう。
余計な悩みはなくなって、きっとよくなるから。

no. 41

一生懸命は財産になる

一生懸命は財産になります。

いえ、一生懸命こそが財産です。

何でもいい。いつでもいい。

何に対しても、いつも一生懸命やっていると道が開けてきます。

自分が豊かになります。自分自身が強くなります。

周りの景色も変わってきます。

たとえ失敗したとしても、一切ムダなことはありません。

お金はコツコツ貯めると銀行口座の財産となるけれど、

一生懸命はコツコツがんばることで、

自分自身の心とからだの財産になります。

誰にも盗まれないし、なくなることなく、

ずっとずっと、あなたに残る財産になるのです。

no.

42

ラクを選択しない

人は、みんなラクなほうを選ぶ。
どちらかというとラクなほうがいいから、
「そりゃそうだ！」という気もしなくはない。
だけど、もし自分自身の成長を願うのならばあえて、
ラクを選ばないでみるっていうのはどうだろう。
その選択の段階で、すでに成長の兆しさえ見える気がする。

そしてもうひとつ、イヤなことは先に言っておこう。
もし、ラクなほうばかりを選んだ人生を送ると、
その後には、しかるべき衰退と停滞が待っているのが常でもある。
脅すようで少し申し訳ない気もするけれど……。

もちろん、大変な道だけど、あえて自分で選ぶことに意味と価値があり、
そこで得た経験と積み重ねた努力は、あとで必ずあなたの力と自信になる。

no.

43

感情を解き放て！

「悔しい」「最高！」「悲しい」「やったー！」「がっかり」


瞬間瞬間は、いつもやってくる。

そのとき、その瞬間に、感情が放射される。あなた自身になれる。

感情を解き放て！


「これがいいらしい」

「これが評判いいはず」

って、そんな狭いところで感情のひとつも決めつけないで。

表情をクルクルさせてごらん、ってことなんだよ。

人と同じに、人に気に入られるように、
キレイに収まろうとしなくていいんじゃない？
エネルギーは外に向けて、解き放たなくちゃ。

no.
44
目は本当に輝く

思いもよらないうれしい事実を知ったとき、
ずっと抱えていた疑問に答えが出たとき、
物事がスッと腑に落ちたとき、
大きな気づきがうれしいとき、
目標が明確になったとき、
夢が大きくふくらんだとき。

人は簡単にこう言うかもしれない。
「目からウロコが落ちた」って。
でも、自分のなかで何かが起きたとき、
目は、本当にキラキラと輝きます。

そんなときは、鏡を見て観察してごらん。
あなたの目は本当に輝いているから。

no. 45

「実力差」より「努力差」を感じよう

人はそれぞれ皆、違った能力を持っています。

「いや、ボクは何やってもダメなんだ……」

「私、何の取り柄もない」

そう言って、すぐ肩を落としたあなたは、

自分の持っている能力に気づいていないだけです。

能力を持っていても、気づいていなければ使うこともできないでしょう。

たとえば、会社や人からの評価が自分自身で不本意であると感じるならば、

まずは、投げ出さず、逃げ出さず、

あきらめずに最後まで努力して、やりきることをおススメします。

そのとき、自分の能力に気づきます、必ず。

自分の能力に気づいた人にだけ、輝く場所が与えられます。

すべてが前向きに動きだし、人生は大きくよい変貌を遂げることでしょう。

にも、
自分がいる
言葉

Chapter 4

誰の「未来」もっと大きな

限界突破で成長をどんどん加速させる

no.
46

せいちょうかいじゅうになろう！

この子どもじみた言葉、ひらがなで「怪獣」って言われても、何のことだろうって思いますよね？

実はこれ、ものすごい意味のことを簡単にわかりやすく言っています。

これを実現するには長い時間も必要ですし、なかなかすぐには難しいかもしれません。

ひと言で言えば「自分の人間力を向上させましょう！」っていう意味です。


せいちょうかいじゅうの好物は、つらさ、大変さ、もっと言うと逆境だったりします。

これをパクパク食べます、たっくさん。

そうすれば、どんどん成長して人間として大きくなって、とても強くなります。

大きくなればなるほど、人を包み込むことができ、人にやさしくなります。

大きくて強いせいちょうかいじゅうだけど、その見た目は……、女性であればかわいらしくて美しく、男性ならばカッコよくてお茶目なんです。

no. 47

「しちゃいけない」より「しようよ!」のススメ

「これをしなきゃいけません」って言われるより、
「これをしようよ！」って言われたほうがいい。
「ケンカしちゃいけない」って言われるより、
「仲よくしようね」って言われたほうが楽しい。
80点が合格ラインなら、「80点取らなくてはいけません」って言われるより、
「80点取れば合格です」って言われると、80点以上取れる気になる。

「人生って楽しいこともあるけど、つらいことだってたくさんあるよね」より、
「人生ってつらいこともあるけど、楽しいことだってたくさんあるよね」を
採用しよう。

あとにくる言葉って、記憶に残るからなんだよね。
そして、より熱を帯びて伝わる。
どっちの言葉を言われたほうが、人はうれしいだろう？

no.
48

「命令」と「促し」のたったひとつの大きな違いとは？

どんなにやる気を失っている人でも、逆にどんなに優秀な人や素直な人でも、組織に所属している人は命令されれば、ほぼそれに従い行動を起こします。

それはそれで、貢献するという意味で、とても素晴らしいことですが、ときに組織にとっては、自発性、自主性などが求められることもある。

しかし、ほとんどの目上の人は「命令」するやり方しか知らないので、組織としてのパフォーマンスを向上できずにいます。

まずは、本人自ら考え動くという能力を引き出していく必要があります。

たとえば、振り付け覚えの悪い子には、このように指導してみます。

「明日までに、この踊りを絶対覚えてきなさい」と命令するより、

「どうやったら踊りを覚えられると思う？　まずは歌詞から覚えちゃおうか！」

命令するのをやめ、行動を促すような指示を目指してはいかがでしょう。

そうすることで、部下や後輩なりの考えを促し、どう行動するのが望ましいのか、その手段や方法を自ら探しださせることで、自発性・自主性を生み出す。

すると、組織は必ず変わり始めるのです。

no.
49

「怒る」と「叱る」は違う

まず、「怒る」というのは、
喜怒哀楽の「怒」、つまりは感情です。
怒るというのは、自分のイライラした感情を相手に押しつけて、
発散させている行為と言っていいのではないでしょうか。

一方、「叱る」という行為は、
相手に気づきを与えて成長を加速させること。
企業の管理職も、子を持つパパやママも、
「叱る」という行為を間違えていることはありませんか？
「叱る」と「怒る」を混同していませんか？

できることなら、相手に愛情を持って、
「怒る」のではなく
思い切り「叱って」あげてください。

no.
50

反省は「栄養素」、満足は「毒素」

現在の仕事、指導者という立場になってかれこれ30年は経つけれど、
いまだかつて、完璧に自分の仕事をこなせたこと、
いわゆる自己採点において、
100点満点を取ったことは数えるほどしかない。
いや、正直1回か2回くらいだ。完璧とか完全とかは遠い道のりだ。

どんなシーンでも、
こういう言葉で導けばよかった……。
もっとこんな感じにつくればよかったなぁ……。
こうして伝えれば届いたのかもしれない……。
最終的にこう仕上げればよかったんだ……。
振り返るたびに反省点が浮かび、改善点が見えてくる。

指導者という仕事を通じてどれほどの人数を指導しても、

どれだけたくさんの作品をつくりあげても、どんなに熱く伝え続けても、
毎回その都度いくらでも学びがある。
「次はこうしよう！」「こうしてみよう！」っていうように。
だからこそ楽しいのかもしれないし、やめられないんだろうな。
今の自分に満足したら、その楽しさもなくなっちゃうんじゃない？

でも、残念ながらときおり、今の自分の結果に満足して、
それ以上を望まない人がいる。
「これでいいんだ」「自分なりにやりきった」って。
満足することの怖さ、知らないいんだよね。
満足してしまうことの怖さ、
それは気づかないこと、知らないこと、無知なこと。
人間にとって怖いことだと思う。
人ってね、知らないことだらけだから。

年齢を重ねて大人になり、おじいちゃんおばあちゃんになったとき、
ようやく、その怖さに気づいても、
それは後悔という、
あまり喜ばしくない形となって必ず自分にのしかかってくる。

今だからこそ、
もっと素晴らしい見るべき景色があるのに、
もっとなるべき大きな自分がいるのに、
もっと広がる未来があるのに。
満足するって、そのすべての可能性を自ら拒絶してしまうことになる。

お腹いっぱぁーいに満足したら、
それ以上お腹に入らなくなっちゃうもの。
たとえ、どんなに美味しいものでもね。

no.
51

忍耐は必ず成長につながる

「成長するためには忍耐が必要です」
こんなふうに言われたら「えーっ」って、
ちょっとイヤになっちゃうよね？
でも、
「忍耐は必ず成長につながります」
こう言われたら、
少しは「耐えてみようかな!?」って気持ちにならない？

耐えるっていうと、なんだかネガティブなイメージになりがちです。
だけど実は、「耐える」ことにはたくさんの特典があるんです。

耐えることで、忍耐力がつきます。
忍耐力がつくと、ひとつのことを成し遂げる粘り強さが養われます。
同時に、たくさんのことへチャレンジする力もつきます。

さらには、チャレンジすることで、
もっと自分に適した「好きなもの」と出会えるといううれしい特典も発生し、
好きなことをして人生を過ごす選択肢も増えます。

忍耐力がつくと、強くなります。
強くなると周りに人が集まってきます。
逆に、強くなると孤独にも耐えられます。
そうすると、時間の使い方が上手になります。

忍耐力がつくと、他人にまどわされたり、乱されたりしなくなるので、
集中力や探究心ももれなくついてきて、
得することがたくさんあります。
そして何よりも素晴らしいのは、
自分に自信が持てるということです。

耐えることのできたあなたは、素晴らしいんです！
耐えることのできたあなたは、自信を持っていい！

だから、
逃げないで、負けないで、あきらめないで。

今、何かに耐えてつらい思いをしているかもしれない。
でも、もうちょっと、
もう少しだけ耐えてみよう。

no. 52

「わが振り直せ」より「わが振り学べ」

他者をよく観察して、自分をかえりみて、自分の悪いところを直していく……。

いわゆる「人の振り見て、わが振り直せ」。

私は、この所作にさらにもうひとつ、つけ足したいと思っています。

まずは、他者を観察して「いいな！」と思ったところは、見習いましょう。

でも、それだけでは「人の振り見て、わが振り直せ」と変わりません。

大事なのは、他者に積極的に「ダメ出し」して「いけないな！」と思ったところを見つけ、その人を評価するのではなく、「自分はどうだろう？」と自分自身を振り返って改めて見つめ直し、自分自身を修正していく。

これが「人の振り見て、わが振り学べ」です。

「人の振り見て、わが振り直せ」は、たまたま目撃した人の素振りからも学ぼうというあくまで受動的な教訓ですが、「わが振り学べ」はある意味、積極的に「あら探し」をすることも、ときには重要だという意味合いがあります。

周りの仲間や先輩から、より多くのものを吸収しちゃいましょう。

自分に得なことが、いっぱいありますから。

no. 53

「楽しむ」ということ

「楽しみたいと思います」

もとは、オリンピック出場選手が発した言葉だったような気がします。

日々つらい特訓を続け、

新記録達成への見えない圧力に追われる日々を過ごす選手たち。

メダル獲得という期待に責任を感じ、

絶大なる国民の応援に応えようとするなかで、

メディアによる連日の膨大な質問に答えなければならなかったときに、

絞り出した言葉でした。

今では私が仕事でかかわっている、

さまざまなチームのメンバーも、リーダーも、指導者までも、

「楽しんで！」

「楽しもう！」

と話すように、昨今やけに頻繁に使われているように思います。

皆さんも使ったこと、あるんじゃないでしょうか？
だけど私、ときおり疑問を感じます。

「楽しむ」……ん？
「楽しい」って……自然に感じることじゃなかったっけ？

好きで選んだこの道なのに、思ったよりそれは厳しくて。
それでもがんばってつらい練習を経て、ようやくステージに立つ。
お客さんの目に触れる。
思い切り練習の成果を発揮して、ミスしたりすることもあるけれど、
応援してくれるお客さんの声援がうれしくて、
これまでのつらい練習も流した汗や涙も、すべてやってよかったと思える。
何もかも、すべてが喜びに変わる。
これこそが、たび重なる練習を経たのちの本番のステージというもの。

がんばって耐えたつらい練習を経て、たどり着いたその楽しみというのは、
筆舌に尽くし難いほど素晴らしいものなのです。

その絶大な喜びを思い切りステージ上で、肌で感じましょう！
「楽しむ」とは、そういう意味ですよ。

「楽しんで！」
「楽しもう！」
安易に使われるこの言葉は、
つらいことに対して、楽しむことを無理やり「目的」にしているみたいで、
なんだかかわいそうになっちゃったり、少し違和感を抱くのは、
私が古い人間だからかな……。
（あぁ、知らせたい、からだ全身で感じる本当の喜びってヤツを。
そう思って日々指導しています）

no.
54

ポジティブこそ、エネルギー源

ポジティブでいこう。ポジティブのススメ。ポジティブシンキング。

とてもよく聞く、よく使われている言葉です。

それでもあえて、私は何度でも言いたい。ポジティブに考えようと。


もうひとつ大事なのは、ポジティブなからだをつくるということ！

両足をスタンス広くとって、肩幅より少し広めに足をしっかりと踏みしめて、「よしっ！」と言って手のひらをぎゅっと握りしめたら、太陽の陽射しを浴びているかのごとく胸を張って、少し上のほうに前を向いて、最高に楽しい結果をイメージして、さあ、歩き出しましょう。


なぜならこの考え方、「ポジティブ」こそあなたが持つ素晴らしいエネルギー源となるからです。それこそがエネルギーの始まりとなるのですから、何ごともポジティブに考えるのが吉。

さあ、ポジティブの始まり、始まり〜。

no.
55 経験は免疫力

最近はラクして儲けるとか、ムダを省くとか、なるべく早くさほど苦しまずにゴールに到達することが好まれているように見受けられます。

書店さんに行くと、そんな本のタイトルを目にすることも珍しくありません。

それでも私は、近道ではなくあえて遠回りすること、あるいは寄り道をおススメします。なぜなら、遠回りや寄り道をして、知識だけでなく身をもって体験することによって得られるものこそ、人間にとって非常に大事なものだからです。

2020年から世界中にまん延しているウイルスを、想像してみましょう。

ずっと無菌室で生活していると、あるとき、なんらかの菌やウイルスが体内に入ってきたら瞬く間に感染してしまい、その菌が体中にはびこってしまいます。

かたや、菌やウイルスにたびたび侵されながらも闘い抜いた細胞たちは、その苦しい経験が免疫力となって、その後も菌をしっかりと退治してくれるでしょう。

どうでしょうか？

たとえ大変な道のりだったとしても、ラクをして生きるより、そこを生き抜き、乗り越え、前進していくことの意味が、わかるのではないでしょうか。

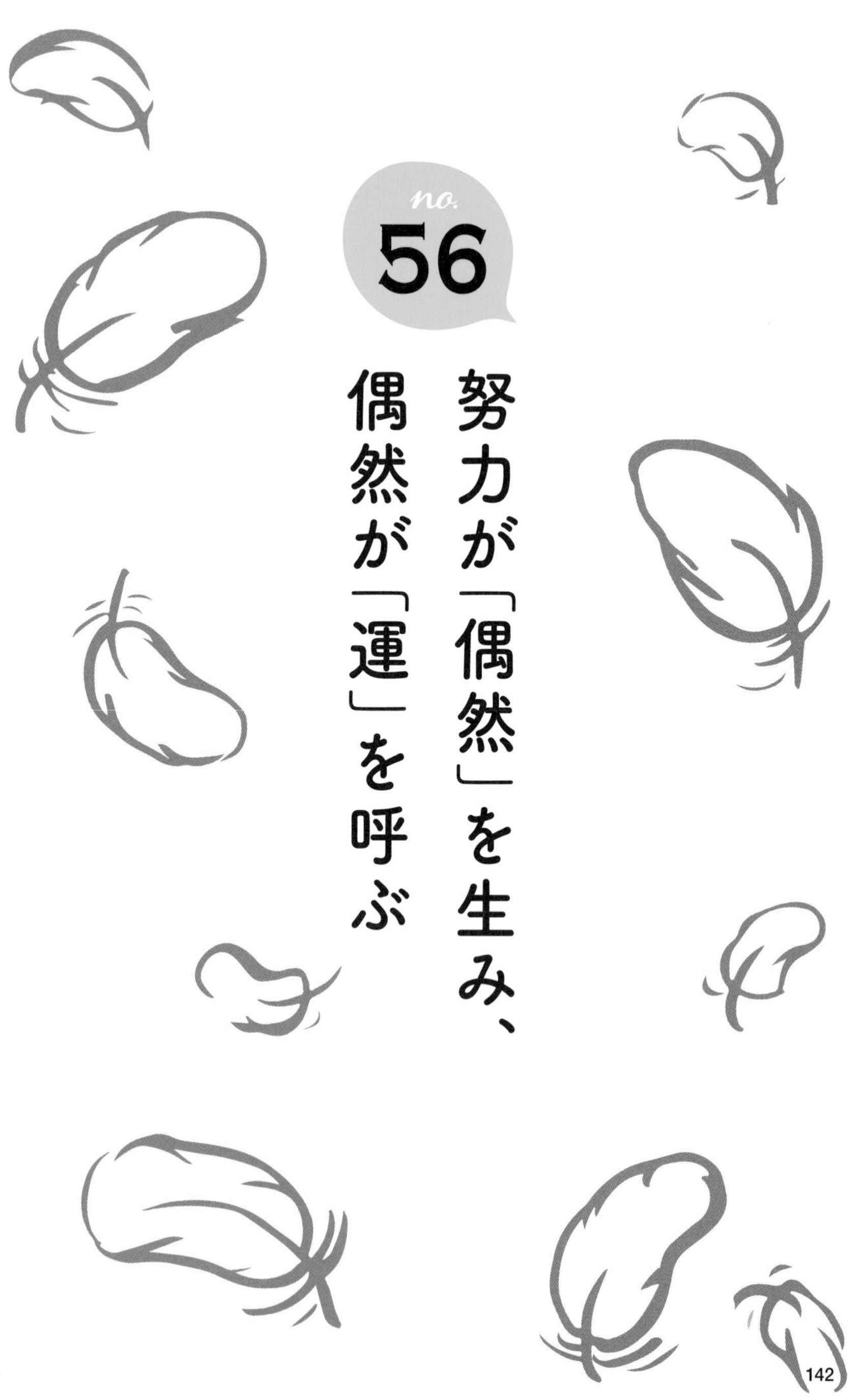

no.
56

努力が「偶然」を生み、偶然が「運」を呼ぶ

努力を続ければ、そのあとには「偶然」という幸運がついてきます。

「偶然」さえ、あなたに味方するようになります。

それを人は、ときとして「運」と呼びます。


たまにすごく苦労した方が年齢を重ねたのちに、

「自分の場合はラッキーだった」

と、お話しされているのを耳にすることがあります。

とくに芸能界においては、努力なしで、
ただのラッキーでの成功はあり得ません。
努力を積み重ねているからこそ、ふっと欲しいものが手に入ったり、
気づいたときにチャンスが訪れたりするのです。
運を呼ぶのはあなたの努力から。
努力なしで、成功はあり得ません。

no. 57

やさしさとは強さ、強さこそやさしさ

強くないと本当のやさしさで人を包むことはできないのではないか……、
と私は思っています。
表面的な声がけとか、中途半端に手を差し伸べるとか、
やさしいと見られたいからとかではなくて。
あなたは、本当のやさしさとは、いったい何だと思いますか?

強い人は、ブレない信念を持っています。
強い人は、自分だけでは生きることができないことを知っています。
強い人は、感謝の気持ちにあふれています。
強い人は、自分の欲求を抑える強さを持ち、自己主張しない強さを持ち、
人からの評価を気にしない強さを持つ。
だからこそ、人にやさしくできるのではないでしょうか。

no.
58

愛することは許すこと

こうして今、これを書きながらも、何度も自問自答を繰り返しています。
こんな真理を、恐れ多いほどの大それた言葉を、
この私が口にしてよいものか……、そんなことを言える立場か……。

それでも「愛すること」をお伝えしたいのは、多くの人の人間力が向上したとき、ものすごく平和な、争いもイザコザもない穏やかな心とプラスのエネルギーがわいてくる様が想像できるからです。
そこまで自分を向上させることができたとき、怒るとかののしるなどの感情が、どのような場面でも正しくないことを改めて認識します。いや、すでに私たちはそんな感情がよくないことを知っているんですけどね。

おのずと、すべての人のあやまちを許せるときがくるでしょう。そして、許したときようやく、あらゆるトラウマや過去の縛りから解放されるのだと思います。
私もまだまだ、その発展途上にいます。

になる

を

Chapter 5

人生は最後、必ず「プラス」

あなた自身の人間力さらに高める言葉

no.
59

「もったいない」を連発する

人は、いくら高い能力を有していても、
現状に満足しきっていては、それ以上の成長は望めません。
だから私は叱咤したあとに、ひと言言い添えます。
「もったいない」と。

なぜなら「もったいない」という言葉には、
「あなたの力を認めています」
というメッセージが込められているからです。

あなたのやる気と奮起を期待して、
すでにたくさんがんばっているあなたに、
「がんばれ！」の代わりに「もったいない！」を。
それだけの能力を持っていながら、使わないのはもったいない！
気づいていないなんて、もっともったいない!!

no.
60

人のせいにしないで、すべて自分ごととしてとらえる

身の回りに何らかの問題が起きたとき、予想しなかったイヤなことがあったとき、当然、自分以外のせいにするでしょう。でも、少し観点を変えて、遠巻きに他人ごととして客観視するのではなく、自分ごとにしてとらえてみませんか（いやはや、ここまで来れたら、相当、人間力が向上してきた証しです。笑）。

起きた出来事を人のせいにするのは簡単です。まして、それが明らかであればなおのこと。それでもあえて、自分ごととしてとらえる。

どこかしら、自分が関係していたのではないか？

自分が違っていたら、この問題は防げていたのではないか？

その人は本当に大変な状況だったのではないか？

それによって、ひとつの出来事が何の分析も思考もなさずに通りすぎてしまうより、ひとつの経験として、はるかに自分のなかに残り、知識となります。

さらに、その人の身になって考えてみたことで、人間を知ることもできます。

すると、自分はどう変わっていくか……。想像してみてくださいね。

no.
61

何よりも大切にしたいこと。心で感じ、気持ちで伝えること。

理論も大事かもしれないけれど、何より気持ちを大切にしたい。
気持ちをそのまま言葉に、態度に、乗せていきましょう。

気持ちを表現しようと言葉を選んでいるうちに、
気持ちは薄れてしまうかもしれないから……。
言葉を駆使して発するときに、
気持ちは消えてしまうかもしれないから……。

気持ちとは、どうしても伝えたい想いが、つい口をついて出てくるもの。
だから、自分が悪いと感じたら謝ろう。「ごめんなさい」と。
相手に喜びをもらったら感謝しよう。「ありがとう」と。

気持ちで伝えられたとき、ありきたりの言葉が本当に美しいことを知る。
気持ちの乗ったありきたりの言葉は、心とともに相手に届く。

no.
62

心がこもっていれば、どんな陳腐な言葉も熱を持ち始める

最近みんな、言葉使いがとても上手になりました。

丁寧語も敬語もしっかりと使えます。

でも謝るとき、こんなふうにとらえている人、いませんか？

「申し訳ございません」→「申し訳ありません」→「すみませんでした」→「ごめんなさい」。こんな具合に、謝罪の言葉には段階があると、勘違いしているのではないでしょうか。

たとえば、人間誰しも寝坊して遅刻することがありますよね。

そんなとき、メイクも髪型もお洋服もしっかり整っていて、色々ぐちゃぐちゃと言い訳を考えてもっともらしく言ったり、悪びれずに「申し訳ございませんでした」なんて言ったりする人もいるけれど、急いで必死にやってきたそのままの形相で「ごめんなさいっ！」って言ったほうが、心がこもって正直で、本当に反省しているように思うのは、私だけではないでしょう。

言葉にはちゃんと心が乗っかります。

キレイなだけの言葉に熱量なんて生まれないのです。

no.
63

短所と長所は表裏一体

自分の長所と短所は、別々に存在するものと思っていませんか？

悪いところを改善し、よいところを伸ばす、とよく言われますが、私の考え方は違います。悪いところをなくすなど、なかなかどうして本当に難しいですよね。

だから短所もあっていいじゃないか。両方あるのが人間らしいって思っています。

もっと言えば、短所の改善に時間をかける必要など、ないとすら思っています。

そもそもこの両者、表裏一体となって存在していますから。

たとえば、手のひらの表と裏をイメージしてください。手の甲が固く骨張って外の刺激から守る性質があるとしたら、手のひらは柔らかく何でも包み込む性質を持っています。手の甲のようなある側面が優柔不断だとしたら、その反対側（手のひら）にある側面は、思いやりのあるやさしい性格なのかもしれません。

試しに自分の短所と長所を、そんなふうに考えてみてください。

短所だけをなくすなんてことに意識と時間を費やすより、自分を一切否定することなく、その性格をよりよく作用させるよう心がけたほうが、自信を失わずに済むし、なんだかとても発展的な気がしませんか。

no.
64

ムカついている相手に「ありがとう」を

自分の人生を豊かにする習慣のひとつが、これです。
誰かを恨みに思っていても、いいことはひとつもありません。
それどころか、自分自身が損をしてしまう。

逆にすべての原因を自分にして、
自分に何が足りないかを考えるようにしませんか。
それができれば反省点や改善点が見つかり、自身の成長につながります。
辛苦をもたらす人間こそ、自分を成長させてくれる恩人です。

あなたがムカつくことを相手のせいにしている以上、自分自身も輝けません。
原因は、あくまで自分にあると考える。
どんな問題も他人のせいにせず、
自分が原因だと考える習慣を身につけましょう。
自分を取り巻く人間関係も、ずっとよくなります。

no.
65

世の中に悪はない。あるとしたら自分が「悪」になること。

なんだか私、ものすごいことを言ってしまっています。

あなたが読んでくださっているこの書籍も後半も後半、最後に近づいてきたので思い切って言ってしまいます。


人が死んじゃうとき、息を引き取る瞬間、誰ひとり残さず全員が幸せになる。

どんな悪事を働いた泥棒でも殺人犯でさえも。私本気でそう思っているんですね。

それはなぜかというと、人というもの、心底心根が悪い人はいないのではないか、と思っているからなんです。

きっと、みんなそれぞれ事情があるんじゃないかと。

人は皆いいところ、悪いところ、併せ持っています。でもそれは「悪」ではない。

「邪念」とでもいうのかな。

強い主張や深い欲が「悪」につながっていくこともあるけれど、それは心が弱虫なときに、そのスキマから入り込んでくるものに侵されてしまうから。

心を強く持っていれば「悪」はなくなるはず……、ではないだろうか……。

no.

66

失敗しよう

「あぁ、失敗しちゃった……」「やらなきゃよかったンダ……」

「あぁ～、もうダメだ……」

こんなふうに考えグズグズしてないで、もう一度チャレンジしましょう。

「今度こそ成功させるぞ！」

そのためには、次こそうまくやるためには、と失敗の原因を分析する。

そして、失敗から学んで改善点を見つけ出す。

「あのとき、こうすればよかったんだ！」

そして、あきらめずにもう一度チャレンジする。

「もう一度やってみよう！」


失敗にしか得られない意義は必ずあります。

学ぶ機会、考える機会をもらえるのですから。

後悔するよりも反省したほうが、どれほどお得なことか！

私はそう思います。

no. 67

リーダーになった君に「おめでとう」

望むか望まないかにかかわらず、リーダーに任命されたあなたには、「おめでとう！」「やったぁ、よかったね！」と言いたくなる。

「えーっ、自分のことで精一杯だよー」「リーダーなんて自分にはできないよー」

そう叫びたくなる人もいるのかもしれませんが、これは、絶大なるチャンスなんです。ワンランクアップ、さらなる成長のチャンスです。しかも、自分自身の人間力を成長させる機会が向こうからやってきたわけですから、喜んで向き合いましょう。もちろん、この機会を引き寄せたのも、あなたなんですけどね。

私はこれまで、ダンス指導のみならず多くの人材育成を手がけてきましたが、ほとんどが個人ではなくグループでした。グループでは本人たちの希望によらず、リーダーが任命されます。そして、そのリーダーになったメンバーは、必ず、もれなく成長します。しかも、ものすごい速さで成長が加速します。

それを常に目の当たりにしてきた私はやはり、その成長を加速する機会が訪れたあなたに「おめでとう」を言いたくなるのです。

no.
68

「押しつけ言葉」ではなく「成長言葉」を使おう

2014年に『エースと呼ばれる人は何をしているのか』というビジネス書を出版したことは前述しましたが、実はその3年後に『教え子が成長するリーダーは何をしているのか』という、今度は指導者側に立つ人に向けての書籍を出版させていただいております。

その書籍内で、人への声がけによる言葉というものが、どれほど大きく人の成長に影響を及ぼすかに触れて、「成長言葉」の使用をおススメしています。では、あまり聞き慣れないこの「成長言葉」って、いったい何なのか。

日ごろ、講演会の仕事では冒頭に「言葉はなくても会話はできる、目と目が合えば通じ合う」といったフレーズで〝リズムコミュニケーション〟という独自に生み出したアイスブレイクで緊張をほぐし、ダンスの素晴らしさもお伝えしながら講話させていただいております。

人を導く側、指導者側になると、どれほど言葉の持つ影響力が大きいかを知ることが必要になってきます。

多くの指導者が、とくに意識もせずについ使ってしまっているのが「押しつけ言葉」です。少々自分本位な、文字通り自分を（あるときは感情をもともなって）押しつける言い方。

かたや「成長言葉」とは、声がけする相手の成長を促す言葉です。これには大きく分けて2種類あります。

大切なことはまず、否定系の声がけを避けることを大前提に置いて、「自信を与える言葉」か「道を示す言葉」を使う、もしくはそっと添えるということです。これを使っていくことで部下や後輩、子どもたちのやる気を引き出し、前向きな気持ちに導くことができるはずです。

ここでは、ほんの少しだけ例を挙げておきましょう。

シチュエーションもなく、文章と文字だけだとなかなか伝わりづらいと思いますが、もっとがんばることを推奨するシーンでのことです。

「がんばらないなら、もうやめてしまえ」と言うのを「がんばるから光る、光るから選ばれるんだ」と変換してみる。もし最初のフレーズを言ってしまったのなら、そのあとにこの言葉を添える、といった感じです。

これが相手に自信を持たせる言葉です。

もっとしっかりとリハーサルに取り組ませるために、「誰のためのリハーサル？スタッフのためじゃないんだよ！」と言うのを「これはチャンスなんだ、一人ひとりのチャンスなんだ！」と言葉をかける。

これが、道を示す言葉です。

これは、ほんのほんの一例です。

言葉の選び方、使うタイミングなどの詳細は、ぜひ拙著を読んでいただければと思います。

指導の原則
1対1が人数分

先生が1人いて生徒たちが20人、50人、100人と存在する。決して1対20だったり、1対50だったり、1対100だったりするのではなく、1対1が20個ある、1対1が50個ある、1対1が100個あるということです。これ、私は当たり前だと思っています。

号令と笛ひとつで、一度に何百人を動かすような軍隊とは違います。出身地も容姿も性格も違う、そんな大勢の人を全員ひっくるめて同じ言葉で動かすことで、亀裂を生んだり差を生じさせたりするのではないでしょうか。関係づくりは1対1から始まります。そうして初めて、その人を理解することができ、その人にかけるべき言葉もタイミングも見えてきます。

1対1で導くコツは、話しながら一人ひとりと必ず目を合わせること。相手は自分に目を向けてくれていることを必ず感じ取ってくれますから、それが第一歩になります。そこで、ひとつの関係性が生まれ何かが動き始める。そこからです。

no. 70

「教える」のではなく「伝える」
「与える」のではなく「贈る」
「見る」のではなく「認める」

長年、人様から「先生」と呼ばれる立場で色々と指導してきました。
いつも心していたことは、自分は偉くないということ。

ダンスレッスンをするときは、からだの動きやステップなど、
「教えるのではなく伝える」という意識で、
振り付けの際は、踊り手が可愛くカッコよく見えて輝くように、
「与えるのではなく贈る」という想いで、
そして、人生の先輩として声がけするときには、その相手を
「見るのではなく認める」という気持ちで、
接してきました。

なぜなら、
人は誰も偉くなく、年齢差があっても、立場は違っても、
人は皆、人として対等だからなのです。

no.
71

成長こそ一生の財産である

ここまで読んできて今、どんな心持ちでいらっしゃるでしょう。きっとあなたのその目は、希望と決意で輝いていることと思います。さて、最後の言葉は、もしかしたら笑われるかもしれませんが、少し宇宙規模で語ってみたいと思います。

人の成長というのは、続けていくと確実に財産になるということです。人は誰しも、いつか死を迎えます。そのとき、何も持っていくことができないけれど、「成長」は財産としてそのまま持っていくことができるのです。

えっ⁉ どこへ持っていくのかって？

人が死んだあとどうなるかは、私は宗教家ではありませんし、輪廻転生をここで唱えるつもりもありません。それでも、魂の成長は確実にあなたのなかに宿っていますから、それはそれは大きな財産であるとお伝えしておきたいと思います。間違えて失敗を繰り返し、遠回りと思えるような出来事も、何ひとつムダなことはありません。すべて自身の成長のために訪れるチャンスです。

今日からまた前を向いて、新たな一歩を踏み出しましょう。

no.

72

平和は あなたから始まる

＝

Peace Loves yoU Special

Love yourself.

Love your partner.

Love your family.

Love your friends.

Love all the people around you.

Love everybody.

We are a part of nature,

so

Love the nature.

Love the earth.

Then nature will love us back.

And peace will grow.

If

you give love and peace,

peace will love you surely.

It's not difficult.

It's really simple.

PLUS

おわりに

多くの人が皆、たくさんの知識を持っています。

それは学校教育で学んだこと、社会人として会社の上司や先輩方から教わったこと、近くにいる人に起こった出来事を横で見ていて知ったことなど、さまざまです。その知識を人に「ただ伝えるだけ」だとしたら、それは伝達でしかありません。その人にとってはひとつの知識でしかないから、当然です。学生のときの丸暗記は試験でしか役に立ちません。

ただの「知識」よりも、実際に経験してわかることのほうがはるかに多いし、理解度もずっと深まります。だから「体験」することが大切なのです。

ゆえに、私がトライしているのは、自分の指導経験を重ねて得た「体験」や、「体験」を通して目の当たりにした「教え子の変化」を、多くの人の心にいかに届けるか、ということです。最初は知識や経験をただ語ろうとして、まったく伝わりませんでした。いや、もしかしたら伝えることはできていたのかもしれません。しかし、教え子が成長する気配が思ったよりも全然見られなかったのです。

そこで私は現場で感じたことを重視し、その感覚に従ってあらゆる言葉を駆使して、目の前の教え子に深く伝わる努力をするようになりました。それを繰り返して、ついに教え子たちが劇的に成長していくようになったのです。

こうして自分自身の体験として身についた言葉を用いながら、その人の感性に届けなければ、「成長する言葉」は伝わりません。それほど「伝える」ということは難しいのです。

でも、その過程で「うれしいこと」もわかりました。

それは、体験として身についた言葉には、どんな人をも成長させる力がちゃんとあるということです。人によって、必要な言葉はそのときの状況や環境によっても変わります。しかし、たくさんの体験から生まれた言葉には、必ず人の背中を押し、成長させる力があり、いつかそういった言葉があなたにとっても大事な言葉にきっと、なるということです。

芸能界という場所で「指導者」として35年近くたずさわり、人生としても60歳という還暦の節目を迎えた経験からそんな確信を得たからこそ、本書を執筆することを決意したのです。

本書で紹介した72の言葉のなかには、指導者として毎日挑戦し、研ぎ澄ましてきたエッセンスが詰まっています。教え子との触れ合いや格闘から学び得たこと、気づかされたこと、確信を得たこと。それだけではなく、今もなお、自分で言い聞かせ続けているものなど、まったく状況の異なる教え子たちの背中を押してきた言葉、そのすべてを網羅しています。

本書にも書いた通り、完璧な人間などいません。「はい、これでおしまい」といった完成形にも、なかなか及ぶことはありません。誰だって立ち止まるし、下を向くときもあるし、押しつぶされそうなときもあります。芸能人もそうでない人も、それはまったく同じです。

でも、だからこそ人は毎日、成長を感じることができるし、いつまでも成長し続けることができるのだと私は思います。芸能人でもビジネスマンでも主婦でも学生でも、やっぱりそれは同じなんです。

本当に、人生とは日々学びです。

私も、あなたと一緒にこれからもたくさんの体験をし、そして学んでいきたいと思っています。毎日成長できるなんて、素晴らしいことではありませんか！

そして、また何かに気づいたときには、あなたが成長するお役に少しでも立てるよう、研ぎ澄まされた言葉でお伝えできる自分でありたいと思っています。

2023年2月

夏まゆみ

※ここではわかりやすくするため、指導させていただいた方々を総称し、あえて教え子という言い方をさせていただきました。

[著者]

夏まゆみ
1962年、寅年生まれ。ダンスをツールに人材育成・指導・振り付けを行う第一人者。これまで吉本印天然素材、ジャニーズ、宝塚歌劇団、マッスルミュージカルなど手がけたアーティストは300組以上。創出した振り付け数千曲、ダンス指導は延べ200万人以上。93年、ニューヨークのアポロシアターにて日本人初のソロダンサー出演、世界への扉を開く。モーニング娘。、AKB48の指導で知られ、ダンス界のレジェンドと称賛されている。98年、冬季長野オリンピック公式ソングの振り付けを考案、指揮。NHK紅白歌合戦では20年以上にわたりステージングを歴任。近年エグゼクティブアドバイザーとして幼児教育やトレーニング施設への指導にも携わり、業界を超えて、人材育成者、人間力向上の指導者の地位を確立。著書に、『エースと呼ばれる人は何をしているのか』『教え子が成長するリーダーは何をしているのか』『夢は、強く思った人からかなえられる』（以上、サンマーク出版）など。

アランジアロンゾ
1991年、大阪で斎藤絹代と余村洋子のふたりで有限会社を設立。「つくりたいものを好きなようにつくって売る」がコンセプト。雑貨制作のほか、大阪と東京に直営店、各地で展覧会やポップアップショップを展開。オリジナルキャラクターは「カッパ」「パンダ」「わるもの」「うそつき」「しろうさぎ」など多数。キャラクターデザインでは愛・地球博の「モリゾー」「キッコロ」や雑誌たまごクラブ・ひよこクラブの「たまちゃん」「ひよちゃん」、中部国際空港の「セントレアフレンズ」などを作製。著書に、『わるい本』『パンダまんが』（以上、角川書店）、『アランジアワー全集』（主婦と生活社）など。

企画プロデュース：綿谷翔（こはく社）
カバー・本文デザイン：原田恵都子（Harada+Harada）

人はいつでも、誰だって「エース」になれる！
心とからだが輝く72の言葉

2023年3月13日　第1刷発行
2023年10月6日　第4刷発行

著　者　夏まゆみ アランジアロンゾ
発行者　唐津 隆
発行所　株式会社ビジネス社
〒162-0805　東京都新宿区矢来町114番地 神楽坂高橋ビル5F
電話　03(5227)1602　FAX　03(5227)1603
https://www.business-sha.co.jp

〈印刷・製本〉シナノ パブリッシング プレス
〈編集担当〉大森勇輝　〈営業担当〉山口健志

ISBN978-4-8284-2495-8